イキベタ家庭教師

Nakai Atsuko
中井 敦子

文芸社

カバーイラスト・各扉作成　森野真由美／本文挿し絵　高橋由依

目次

第2章　受験生必勝の心得

第3章　生徒とのあれこれ

第4章　家庭教師の原点

イキベタ家庭教師

はじめに

「鳴かぬなら鳴かなくてもいいじゃんホトトギス」

これは私の好きな自作パロディ句。

価値観が多様化していると言われつつその実《じつ》、「良い」「悪い」など、二つに分けて考える潜在思考は進んでいて、「勝ち組」「負け組」などと勝負をしていない人間までをも巻き込んで、勝手に二つに分けてしまう。

また、それに応えるように、巷《ちまた》にあふれるハウツー本。

そんなにみんなみんな成功したり、お金持ちになったりしたいのかなぁ……。

何だか違うなぁと感じる自分は、「うまい話」や「成功」を、ハナから求めていないのである。

カッコよく言えば、「いばらの道を歩む」って感じだと言いたいけれどこれも違う。

そうじゃなくて、「好きにしていていいじゃない！」って感じ。

つまり、みんな成功したり、儲けたり、何と闘っているか知らないが、勝ったりしなくても……。

「向上心」という言葉で自分の貪欲を覆いかくして、幸せにふたをしてしまっては何だか悲しくなってくる。

好きなことを好きなようにやっている自分の幸せを感じ、こんな自分を受け入れてくれる人たちへの感謝や、好きなことを続けていける幸運をやはり感謝していたら、毎日自然に楽しくなってくる。

生きる人みんなが成功したり、勝ったりするのは無理なこと（誰かが勝つためには、負ける誰かが必要になってくるから）だけど、みんなが楽しく幸せを感じて生きることができたら素敵だと思う。

世間的には「生きるのがヘタ」な「負け組」だったり、「要領の悪い人間」だったりするけれど、楽しく生きてるイキモノがいるって存在認識をしていただけたらやっぱり嬉しい。

すべての方々が、毎日楽しく幸せでありますように…。

第1章

「家庭教師」と言うイキモノ

「家庭教師」と言うイキモノ

俗に、「何とか家庭教師は目指してなる仕事ではない」と言われている。

正にその通り。

「私は小さい頃から、ずっと家庭教師になりたくて……」なんて言う人はいない。

でも「好きで続ける仕事」だし、「好きじゃなきゃ続かない仕事」だし、さらに「寝食を忘れてのめり込める仕事」なのは事実。

そう、のめり込み、ひたり切ると、いつの間にか二十四時間「家庭教師」となる。

その頃には、「家庭教師」は仕事ではなく、「家庭教師」と言うイキモノになってしまっている。

「家庭教師」の前にも後にも何もなくて……。

つまり、家庭教師の前に、夫であったり妻であったり、何より人間であるということ自体危ぶまれるような……。

一般のカテゴリーでくくることのできない世界に棲《す》んでいる、摩訶不思議動物って表現が適当なところか。

「家庭教師」とは、仕事かもしれないけれど、同時に「家庭教師」と言う特殊な世界を生きるイキモノ。

この特殊世界に生きるイキモノの「性（サガ）」を少しご紹介…とは言っても、個人差の極端に激しいイキモノたち。

そこで、このイキモノのカテゴリーの中でも、特にオカシナ部類の一個の生態をご紹介させていただきたく筆を執った次第。

非常識なイキモノワールドへ、ようこそ！

W
O
R
L
D

二十四時間「家庭教師」

いつの間にか自分の家族が「あとまわし」になる。正確には、「あとまわし」ではなく眼中になくなる。

いい例が、自身の子供の通学している学校で使っている教科書すら、知らなかったりする。

自身の子供のテストはおろか、成績すら見たことがなかったりする。

「家庭教師」はつまるところ、そんなオカシナイキモノ。

母である以前に、妻である以前に、一個の家庭教師と言うイキモノが生息している。

だからやっぱり「家庭教師」

家庭教師と言う種族。
その多くは「人が好き」だったり、「頼られることが好き」だったりする。
つまり、自ら関わりを持ちたがり、荷を重くして満足していたりする。
得とか損とかの価値観のない世界に生きている。
自分固有の価値観で、嬉々《きき》として毎日を過ごしている。
勝手に信じて、勝手に傷付く。
それでもやっぱりもう一度信じてみる。
過去から学べと（生徒には）言いつつ、自らは同じことを繰り返し続ける。
「人の可能性」を「人の心」を永遠に信じ続けることができる。
日々どこかで熱くなっている。
日々どこかで傷付いている。

疑うことのできない自分を肯定している。
だからやっぱり家庭教師。

無限ドリームランド

私しか知らない生徒の数々の表情。
私にしか見せない顔。
苛立ちあり、拒絶あり、甘えあり。
ある生徒は、学習用のイスに腹ばいになり、
「飛行機〜〜」
って言いながら両手を広げてイスをくるくる回したりする。
頬杖《ほおづえ》どころの話ではない。
寝転ぶ。
足を机の上に乗せる。
歌う。
ダンスをする。

すべてを一人で見つめ、一人で受け止める。

逃げないで誠実に全力で向き合う。

つまりはいつも体当たり。

正に体を張った孤独な営み。

でも、同時に、一瞬の表情のキラメキや本音を訴えかける目の輝き、親には見せない態度や言葉は、私だけの記憶になる。

何て贅沢なこと。

お互いの心が近いところに存在することを実感できる歓びは、孤独から得られる思いもよらない副産物。

完全燃焼の今日が、予想できない明日を創っていく世界。

時に、卒業して何年も音沙汰のなかった生徒さんからの連絡に嬉しくて熱い思いをしたり……。

突然、元生徒さんから家出をしたとの連絡を受けたり……。この時ばかりは、

ご両親と捜索願いの出ている警察と本人とそして在籍している学校にも出向き、多方面の調整という微妙な役回りを仰せつかる形となる。

結局、傷付いていた「元生徒の幸せを願う」という当たり前かつ、自然な共通認識を認め合うことで円満解決。

信頼できる唯一の大人に入れていただけた歓びを素直に表現しつつ、まる二週間以上、家を出てきた少女と寝食を共にして、貴重な経験をさせていただいた。

嬉しい訳ではないけれど、正に文字通りの意味で「ありがたい」を実感。

人との濃密で底抜けに魅力的な世界。

一度入ったら抜けられない「無限地獄」ならぬ、「無限ドリームランド」。

孤独

心で接する仕事だから、楽しい。

心で触れ合う日常だから、幸せ。

人が、心が、好きだから、満足。

結果を求められるから、やりがいがある。

結果を期待されるから、自分の存在を確認できる。

本人より早く正確に状況がつかめるから、宇宙で一人、奇跡を呼ぶ魔術を使えるのかもしれない。

あまりに孤独だから、人と関わり続けないと、いても立ってもいられない。

いつも人と心で接したくなる。

抜け出すことのできない幸せの良循環。

受験生が好き

受験生の「孤独」は、家庭教師の「孤独」と通じるものがあるようで、受験生ってだけで愛《いと》おしい。

他にも、受験生のことを好きな理由がある。

受験生の、一生に一回のチャンスに立ち会っているっていうだけで、ワクワクしてくる。

模試のたびに、「胃袋の内側が血の涙を流してるぅ〜」って思えるような、胃の痛みにさいなまれつつ、血の騒ぐ感じがどうにもこうにもたまらな〜い。

体に悪いとわかっていても、自分から飛び込んで行ってしまう。

ほとんどドラッグ患者の有り様。

正に病気！

この「家庭教師」と言う仕事と無縁な友人たちは、この話の途中で気持ち悪がって、私のことを「普通じゃない」と言ってくれる。
私には、「変わってる」も「オカシイ」も褒め言葉なので、素直に「ありがとう」。

イキモノだから

イキモノだから、いつも絶好調って訳には行かない。

不思議と冬には風邪を引かないけれど、体調もいい時ばかりじゃないし、気持ちが沈む時だってない訳じゃない。

へこんだ時に、窪みを埋めてくれるのはいつだって授業だし、生徒さんだし……。

特に、授業によってへこんだ窪みは必ず別の授業が、修復してあまりある状態にしてくれる。

だから、どんな時も授業から遠ざかりたいと思ったことは一度も記憶にない。

素敵な仕事、幸せなイキモノ、抜けられない世界。

かわいそう〜

生徒さんから同情していただくこともしばしば。

「先生って、一日中勉強して、夏休みもお正月もないんでしょう⁉　……かわいそう〜」

確かに三百六十五日休みなく仕事の中を泳いでいる感じがする。

受験前には、月三百時間以上は授業をしている。

家にいる時間が、数時間になる日が一か月以上続く。

体力的にも、ギリギリまで追い詰められると言うか……。

いやいやむしろ、半分以上意識的に自分を追い詰めて行く訳で、この「もうダメかもしれない」という感覚までも、楽しんでしまっているのも事実。

つまりは、「受験生たちより、ラクはしていないョ」っていうアピールを自分にも生徒さんにもしながら、ギリギリを楽しんでいる。

やっぱりオカシイ。

自分では、思うがままに楽しみながら生きているだけ。

なのに、周囲から同情をいただいて、ありがたいやら申し訳ないやら。

同情されているこのイキモノは、ひょっとすると、同情してくれている生徒さんより、毎日を楽しく幸せに過ごしているのかもしれない。

同情集めてごめんなさい。

そして、ありがとう。

正　直

ウソをつかなくても生きて行ける、大人の見本になりたいって思いながら、毎日を過ごしている。

実を言うと、これは生徒さんによく言うフレーズ。本来は、生徒さんにケアレスミスが多発した時に、

「これが試験日に起きると危ないなんてものじゃありませんよ。私は正直だからハッキリ言いますが……」

と言うことになる。

小学生と言っても、試験場では一人で現実と向き合わなければならない。無理なものは無理、できるものはできるといつも正直に、ストレートに申し上げる。

人として、対等に尊重しているからこその正直と誠実。

ただ、人に対してだけでなく、自分にも正直に生きていたいって思いながら日々生活し……って言うより、自分の思うがままに生きているから、あえて正直に……なんて実は思っていなかったりするのかも。

ファッション

ファッションに興味がない！

まったく人が何を着ているかなんてことは、気にならないし覚えてもいない。

じゃあ、自分の服装は⁉

これは、他人様のご家庭に伺わせていただき、お部屋の中まで入れていただく訳だから、何もファッションについての知識も常識もない自分には、ひたすらご家庭に失礼にならないようにという一点に気持ちを集中させる。

基本的にはモノトーンのスーツが中心。大きなバッグ二個がトレードマーク。

でも、バッグを預けてデパートをうろつくと店員さんと間違えられる。

まあ、それも仕方ない。

とにかく、急な冠婚葬祭にも対応できるようなスタイルだから、安心できる。

何も考えなくてよいから病《や》み付き、制服状態。

何十着もの同じ色のスーツの上下の組み合わせは、いつもバラバラ。
本来の上下を組み合わせる能力も根気もなくなって久しい。

ファッション　その二

何度も繰り返してくどいようだが、ファッションには興味がない。

何を身に着けても様にならないから興味がなくなった訳でも、「人間は中身！」と言いたい訳でもなく、まったくファッションの分野に暗く、うといだけ。

近眼なのに、眼鏡を付けると周囲が浮いて歩きにくいから普段は眼鏡も付けず、ぼやけた中で洗面所で化粧をする。つまり手鏡を使わないのでよく見えていない。

ムラになっていようが、色が付いていなくても自分には見えない。

他人から指摘していただいて、

「あっ！　お化粧って、実は自分には見えないものだ」

と気付く。

つまり、白粉が固まっていようが、自分には見えないから気にならない。

とどめは、「ペンダントが裏返しになってるよ……」。

「(ドキッ)……」

ご指摘を受けることができた日はラッキーだったけれど、そうじゃない日は、こんな状態で、生徒さんのご家庭まで伺っていたってこと。

う〜ん…、けれど落ち込むのは一瞬。

次の日には忘れて、もう夕暮れだし、誰も私のことなど気に留める訳ないわ。

取りあえず鏡は見るように心がけてはいるものの、近視でよく見えていないから、あまり役に立っていない。

「失礼を重ねております。何とぞご容赦くださいますように。できれば、ご注意とご指摘をいただきたく存じます」

大食——食べるの大好き

よく食べる。

とにかく、早朝から深夜までよく食べる。

体にはよくないと言われているものばかりを、より好んでいるような毎日。

まず、ファーストフードなしでは成り立たない生活。

駅前にあり、一人でも利用しやすく、時間があればゆったりできるから。

ダブルクォーターパウンダーは、お気に入り。

次に甘いもの好き。

洋菓子、和菓子を問わず好き。

つまり、上品な和菓子から、アメリカの心拍数が上がりそうなほど甘いお菓子まで、何でも好き。

さらに、「アイラブジャンクフード！」。

しょっぱいスナック類は甘いものの合間に食べると、また甘いものが食べたくなるから好き。

そして、肉が好き、油もの好きときているから……。

食べることは人生の楽しみの間違いなく重要な要素。

普通の一人前の三倍位は食べる。

妙にダイエットなんて考えないからか、健康診断の結果は不思議と良好。

気まま気まぐれに食べたいものを食べたい時に食べたいだけ……。

それだけで幸せ。

記憶

普通じゃない記憶力！

これは、記憶力がいいとか悪いとかと言う意味とはまったく違う。

記憶の回路がオカシイのだ。

生徒さんとの会話や生徒さんの表情や、間違えた問題や間違えた答えは、恐らく褒められるほどの記憶力があるのかもしれない。

何週間、何か月経っても、こういう問題の、こういうところの取り違えで、36だったところを12と出してしまっていたなぁ……とか。

こちらの誘導によって、生徒さんが自ら解き方に気付いた時の表情など、何年経っても鮮明に思い出せたりする。

ところが、一般的に覚えていて当たり前のことが当たり前には記憶できていない。

たとえば、授業の直後に、たった今まで一緒にいた生徒さんの着ていた服の色を聞かれてもまず覚えていない。髪の長さすら覚えていない。

信じてもらえないような記憶力。

これは、服装や髪型ばかりではない。

家の中の風景も、まったく記憶に残らない。

家庭教師は家の中まで入れていただくのだが、お部屋の模様替えがあっても、レイアウトが変わっていてもまったく気付かない。

駅から自宅までの道など、途中にあるお店が閉店し、新しいお店になって何週間もしてから、気付いたりすることもしばしば。

とにかく関心のないものに対してのまったく働かない記憶力に、我ながら呆れるやら申し訳ないやら。

正に、生物学的にも研究対象になるんじゃないかと思われるほど、オカシイ記憶の回路を持っているイキモノ。

頭痛

持病は頭痛。

たまには授業中にやってくることも。

正に頭痛のタネ。

ほとんどは薬で治す。

頭痛薬と胃腸薬はいつも携帯している。

寒くなる頃には、風邪薬も持ち歩くようになる。

風邪薬と頭痛薬を飲んで、眠くなっては困るので、栄養ドリンク剤も飲む。

薬とストレスで胃が痛む、胃がキリキリ痛んでくると、胃腸薬は一日五回位飲んでしまうことがある。

寒い時期は薬漬けの毎日。

体の悲鳴か心の悲鳴かが痛みになって聞こえてくるのだろうが、受験が終わるまでは、騙し騙し過ごす。
この先、自分より確実に永い生徒さんの人生が、かかっているのだから……。

弱点

「泣く子も笑う家庭教師」の弱点は、「寒さ」と「花粉症」。

風邪は、早めどころか症状のないうちから飲み続ける風邪薬のおかげで、この十年以上引いていない。

けれど寒さには弱い。

ブラウスの下に五枚くらいのババシャツを着て、さらに使い捨てカイロを装着。さらにジャケット、マフラー、ロングコート。

それでも寒い日には、縮《ちぢ》み上がってしまう。

持病の頭痛も寒い日の来襲率はかなり高く、受験日直前の寒波の日には、内側の熱さと外側の寒さの狭間で、体調を崩すカウントダウンを体が始めるような気がする。

後何日持ち堪《こた》えられるかを、日に日に迫る入試日に合わせて叫び出しているのがわかる。
う〜ん…。体が持たない訳ないよ〜って、根拠のない願望を信じ込ませて乗り切る。
「低体温」「低血圧」「低白血球」、このイキモノ、実は生物としては弱い。
さらに二十年来の花粉症。
目も耳の奥もかゆい。そしてポタポタとまったく水のような鼻水。
受験が終わるとほぼ同時に、ゆるんだ気持ちに付け込むように花粉症が入り込む。
アレルギーの薬を飲んでも、完全には解放されない。
花粉の時期は、気力も体力も一回りしぼむ。
しばらくの冬眠？　春眠⁉
桜が咲けば一気に全快。
脂肪も付けて、一回り大きくバージョンアップして登場！
「泣く子も笑う家庭教師」の復活！

マジック

家庭教師センターのキャッチフレーズに、「家庭教師に付いてから、急に勉強が楽しくなった」とか、「急に成績が上がった」なんて目にすることもあるが、これは体験した人は本当だと言うでしょうが、そうじゃない人は信じられないことかと……。

個々の生徒さんに合わせて、教材も教材の進め方も説明の仕方も、何もかもオーダーメードなのだから、成果が上がらない訳がない。

しかし、逆に言えば、生徒さん一人一人によって、一回の授業でできる量も質もまったく違うのだから、決してマニュアル化はできない。

つまり、究極の非効率の世界と言われる所以《ゆえん》である。

それだけに、一対一のオンリーワンの世界は、普通では考えられない奇跡やマジックも起こり得る。

このように言えば、夢の世界のように聞こえるかもしれないけれど、実は、その生徒さんのベストの状態を引き出しているだけであってマジックではない。

私はしばしば魔法使いにしていただく訳だが、その生徒さんの最高を引き出し続けているだけのこと。

今まで、「次の日にはこうなっていればいいなぁ」って想像していた以上の明日が現実に訪れることもよくあった。

昨日からは想像できなかった今日に至ったから、魔法なんじゃないかと、本人ですら気持ち悪く感じたりするほど、一晩で劇的に変わったり、問題が解けるようになっていたりする。

けれどやはり、その生徒さんの本来伸びるべき伸び代《しろ》が伸びたに過ぎない。

今まで、集団の中では伸ばし切れなかっただけのことである。

集団では見落とされる、本人の思考のプロセスに直接アプローチしているだけのこと。

魔女は、全身全霊で目の前にいる生徒さんの最善と最良を探し続けているだけである。

もちろん生徒さんには、魔女のスパイス「脳みそを動かすことが気持ちいい」という体験を味わってもらいながら……。

そうやって、最良を重ねると、常識では考えられないミラクルが起こる。その時魔法の世界に突入した気になるのかもしれない。

驚き!!

「意外性こそ感動だ！」

これは、ある私の尊敬する方がよく口にされていた言葉。

家庭教師の毎日は、小さな驚きの繰り返し。

生徒さんの意外な言葉に、ビックリしたり、感動したり。

どんな言葉を投げかけられるか、日々ドキドキ。

一瞬たりとも気の抜けない真剣勝負。

不思議な反応に首を傾《かし》げ、想定外の質問に唸《うな》り、ビックリや驚きの連続に感動！

そして何よりも受験を乗り越えることによって成長して行く様には、毎年毎年、感動、感動、感動!!

この感動を至近距離で味わうために、いろいろなものをすり減らしながらも、どっぷりと家庭教師に浸かっているのもまた事実。

嬉しい時

今までに何回となく、尋ねられたり、言われたりしたことの中に、「やっぱり、生徒さんの合格が一番嬉しいのでしょうね」
というセリフがあるのだが、これは、実はちょっと違うなあという感覚を持っている。

もちろん当たり前に、生徒さんの合格は嬉しいのだが、「嬉しい」と言うより、「ホッとする」と言う方がずっと近い気持ち。

中学受験の倍率三、四倍のところだと、本人もご両親も合格して当たり前だと思っていらっしゃることが多く、それだけに非常に強いプレッシャーを感じつつ合格発表を待つことになる。

「合格しました」の一言に、体全体が内側から柔らかくなるのを実感する。

毎年、毎年、この内側が「合格」の一言でほぐれる感触は、何とも言えず、全身から息を吐いたような感覚に包まれる。
これは、どう考えても「嬉しい」ではなく、「ホッとする」という感じ。
そして、ホッとできたことに感謝し、幸せを感じる。

嬉しい時　その二

では、本当に嬉しいと感じ、表現できる時は何かと考えると、これは人間好きのイキモノならではのこと。

つまり、受験が終わり、家庭教師というものと関係のなくなった時に、生まれてくる。

契約のなくなった「素」の人間同士として、受験後に連絡をいただいたり、お目にかかったりした時、本当に嬉しくなる。

生徒さんご本人とお会いして、一緒にランチできる時など最高に嬉しい。

生徒さんにとっては、人生の中で思い出したくもない、勉強漬けで、先への不安がつのり、遊びたい気持ちを抑えつつの、つまらない時期であったであろうに、その時期の、正に中心になって、不自由な生活を強いていた家庭教師のことを少しでも思い出してくれただけで、幸せの極み。

ありがたいことだと、身の幸せに感謝感謝のできごと。

お母様方の中には、年代も近かったり、考え方がご理解いただけて、受験後もメールやお便りやお目にかかってのお付き合いが続く、ありがたい関係の方もいらっしゃり、正直幸せ者だと思う日々。

何せ、受験後は、家庭教師と言うイキモノは、その元生徒さんとご両親には家庭教師ではなくなり、常識も知らず、空気も読めず、付き合っておもしろいはずもない人間と化してしまうので……。

変わった友人の一人位いてもいいや、という許容量の大きな方々に支えられての嬉しい時。

感謝。

悲しい時

では、悲しい時とはどんな時か。

これはさすがに、

「生徒さんが第一志望に合格しなかった時ですか？」

と尋ねられたことはなく、そもそも、あまり人に「悲しい時ってどういう時ですか？」と尋ねることはないように思われる。

聞かれていないのに、あえて申し上げようとしているのだが、実は、「生徒さんが第一志望に合格しなかった時」は間違いなく悲しいのは否《いな》めない。けれど、どちらかと言うと、「悲しい」と言うより、「申し訳ない」と言うか「ごめんなさい」と言う方がしっくりくる。

じゃあ「悲しい」と感じる時は、どんな時か？

これは心で接するイキモノだけに、心を開いてもらえなかった時。

生徒さんに、家庭教師が生徒さん自身の力になりたがっているということを受け入れてもらえなかった時。

拒絶されたり、信じてもらえなかった時など、とても悲しいと感じ、心が重くなる。

つまり、コミュニケーションが取れなくなると、手伝う手立てが尽きてしまう。

無念さや淋しさが残る。

もう一つある。

「嘘」は悲しい。

これは本人が意識していないことが多いのだが、確実に授業の質が下がる悲しさが残る。

家庭教師の前では、一番弱いところを見せてくれなければ、よい結果を導き出すことが難しくなる。

つまり、「できないところ」「わからないところ」「間違えたところ」とそれぞれのつまずきに対して、一人一人異なる本人だけの考え方に添《そ》って、なぜ間違えたのか、なぜできなかったのか、なぜわからなくなったのか、の原因を突き止め、一人一人に合わせた対処をしていかなければならないから。

だから、家庭教師の前で「よいところを見せよう」なんて思っちゃったら、かえって効果半減。

「わかった振り」も「よいところを見せよう」も、すぐに「家庭教師」と言うイキモノにはバレてしまっているのだけれど、「家庭教師」と言うイキモノは喜ぶどころか悲しみと憂いをたたえてしまう訳。

できるだけ、家庭教師の前では、弱いところをさらけ出していただきたい。

弱いところを受け止める器だけは大きいのだから。

こうしてみると、「家庭教師」と言うイキモノは、ホトホト扱いの難しい、傷付きやすいイキモノなのだ。

一年で一番長い日（合格発表の日）

何度も何度も新着メールの問い合わせ確認をする。

五分間に十回以上も……。

まったく落ち着かず、頭の中がいっぱいになる。

ひたすら待つ。

よい知らせであることを念じながら。

自分の残りの人生の持ち時間の何倍もの長さの人生が変わる瞬間に立ち会う緊張。

「おめでとうございます」の一言を伝えたいためだけに待つ時間。

この日は一年で一番よい日になって欲しい一日。
そして間違いなく一年で最も長い一日。

子　供

ある日の生徒さんとの会話。

生徒「先生って、子供好きって言うより子供だね‼」

私　「あ、どうも」

生徒「楽しそうだし、話が合うし……」

……う〜ん……さすが生徒さん、するどいなぁ……。

確かに私は、好奇心も子供顔負けに旺盛だし、人間への興味は尽きないどころか年々深まっている始末。

生徒さんとの年齢差は、年々開いて行っても、まったく気にならない。

自分では、生徒さんとの最適な距離は年齢と関係なく存在する、と思ってはいるものの、その実、精神年齢が成長していないっていうことかも。

ピーターパンも真っ青の子供心の持ち主。

ひょっとしたら、魔法の粉さえあれば空も飛べそう。
魔法の粉がなくても、空を飛んでいる位自由な心で楽しい毎日。

若い!!

精神的に若い！

「若い」っていい方に取ってくれる人も多いけれど。

実は、年齢だけ重ねた大人がいつまでも常識の外にいるってことかも。

いつまでも青春してるってこと。

「世渡り」って言葉の意味も、実はわかっていないってこと。

「空気読めば⁉」って言われても、空気を読んだことがないから、どういうことかわからない。

「純粋」って、褒め言葉だと信じている。

「素直」も「正直」も……。

褒めてくれている訳ではないのでしょうけれど、何だか嬉しくなって、「ありがとう‼」。

自分らしい日常。

楽しいことしか記憶に残らない毎日。

傷付きやすいけれど、治りも速い。

ズンと重く傷付いても、何冊か本を読んでしばらく泣いたら、やっぱりいつも明るい明日。今日より素敵な明日を、毎晩信じて眠りに就ける。

一日の終わりには必ず、「明日もよい日になりますように……」。

第2章

受験生必勝の心得

ぶっちぎり

入試前には、

「体調を整えて万全の状態で、試験日を迎えたいものです」

とは言うものの、実際には、風邪の流行《はや》る時期でもあり、受験勉強に余裕などあるはずもなく、「心」も「体」もギリギリ状態なのが普通です。

そこで、あくまでも理想は、

「コンディションが悪い時でも合格する実力を付けましょう」

となります。

「そんなぁ～」と言うブーイングの声が聞こえてきそうですが、受験勉強中は「これでよし！」という状態はないのだと肝に命じていただきたいものです。

合格最低点の先に合格者平均点があり、合格者最高点があります。

常に、さらに上、さらに万全を目指し続けましょう。

最後まで減速することなく、加速して勢いを衰えさせることなく走り抜ける感覚を持って、受験日まで学習を継続させていただきたいと思っています。

よくある質問

「朝型に……？」

入試一か月前位になると、「そろそろ『朝型』に変えていった方がよいでしょうか？」というご質問をいただくことがあります。

もちろん、そういうご質問は、夜遅くまで起きている生徒さんのご家庭からのものです。

つまり、ご家庭全体で夜遅いサイクルで生活をしていらっしゃる訳ですから、それがその受験生の自然であり、普通なのです。

つまり、長年慣れ親しんだ生活サイクルを一家揃って朝型にシフトしようか…とか、受験生だけは特別に早く就寝させようか…というご相談です。

私は個人的には、「必要ないと思ってください」と申し上げています。

試験は朝だから云々は誰でも知っていますが、あえて必要ないと申し上げています。

つまり、慣れ親しんだ生活サイクルをずらすことにかかる精神的ストレスや、元の夜型の生活サイクルに自然に戻そうとする体や環境は生きている訳ですから……。

夜型の生活サイクルができ上がっていると、学習も夜の方がはかどります。

そういう人は、大切な直前期こそ夜にガンガン学習して、密度の濃い時間を作って、納得行くまで学習していただきたいものです。

あまり無理せず、風潮に合わせず、自分独自のオーダーメードメニューを作ってみましょう。

ずっとストレスから解放された、ラクで楽しく効率的な学習が進められるはずです。

では当日は?

それは、放っておいても、緊張感と共に頭が冴えわたるものです。

当日朝方じゃないから……なんて言い訳するような時点で論外です。

つまりそんな人は、いくら朝型に変えようが、前日熟睡できなかったから……とか、緊張してしまったから……とか、空が青いから、雲が白いから、ポストが赤いからと、何にでも自分のできなかった理由を求めるものです。

つまり、コンディションを整えるために神経を遣い、ストレスをためるよりは、自分のリズムを大切にし、最後まで実力を磨いている方がよい結果に近くなると言うことです。

「受験生」と言うだけで、大きなストレスを背負い込んでいるのですから、できるだけ生活のリズムやその他のことには、ゆるくして、何もかもに「こうあるべき」という呪縛から解放してあげていただきたいものです。

本来の実力が発揮されるためには、精神的余裕が必要です。
精神的余裕が損なわれないようなサポートをしてあげて欲しいものです。

口ぐせ（受験に際しての注意事項）

①　自分を信じて

自分の脳みそを信頼して、脳みそに聞いてみてください。

自分の脳みそにできるだけ頼ってください。

人間も脳みそも頼られると強くなるものだと思うので、どんどん頼ってあげて、どんどん強くしてあげてください。

試験場に持って入れるのは、ノートや参考書ではありません、自分の脳みそだけです。う～んと脳みそを信じてあげて、いつでも頼れる脳みそと

の関係を作っておきましょう。

近年、少子化の中、生き残らなければならない塾産業は、低学年からの囲い込みに走り、必要のない塾通いを強要するようになってきています。

結果、「一つの問題に一つの解き方」というふうに、問題と解法を一対一で結び付ける授業を低年齢からやることになるのです。そうしないと、授業で教えることがなくなるからです。

本来、必要のないものを無理やり作り出す訳ですから、後々悪影響のみが残ります。

悲しいかな、低学年から塾通いをしてしまった生徒さん方の多くは、学習とは解法を覚えることだと勘違いしてしまっているようです。

つまり、「考える前に解けてしまう問題」と「忘れたから解けない問題」だけになってしまいます。つまり、「考えない問題」と「考えることをあきらめてしまう問題」だけになってしまうということです。

もったいないことです。自分の脳みそを使って考えて、思考の筋道をたどって解き上げれば、ほとんどのあきらめた問題が解ける問題に変わって行くのです。低学年からの学習習慣作りとか、勉強をすることが悪いはずはないという思い込みから、低年齢からの塾通いが広く受け入れられているのが現状です。

確かに、小さい時から、何かにある一定の時間集中していられることは好ましいことです。

これは、学習でなくても構わないでしょう。

学習自体を低年齢から始めることは、決して否定するものではありません。しかし、自分の頭で思考することを止めてしまう行為は、勉強という名を借りた拷問のようなものではないかと思えてなりません。

自分の脳で考えていない実感から、なかなか自信が持てなかったり、考えて解くことを恐れてしまったり、自分の脳の考えたことを信用できなかったり、大変悲しい弊害が生まれています。

自分の脳みそを信じ、自分の思考に自信を持っていただきたいものです。これは、すべての生徒さん方に望むことです。

② 答案に愛情を注ぐ

自分と入学したい学校をつないでいるものは、目の前にある答案用紙だけです。

この答案用紙に自分の学校への想いのすべてを、愛情を込めて注ぎ込みましょう。

愛情を注ぐことで、ケアレスミスが減ってくるものなので、心を込めて、行き届いた温かい答案にしましょう。

採点者が、もう一度読み返したくなるような答案作りをしましょう。

勝ち負けを意識し過ぎて、答案に愛情を注ぐ余裕のない生徒さんには、何度も

「勝ち負けじゃないです。『合格』のことを『勝つ』と表現することもありますが、実際には勝ち負けではありません」と申し上げています。

第一、何と勝負しているのか意味がわからないです。

受験生の方々には、入学したい気持ちを込めて、答案用紙を埋めていただきたいものです。

そして、自分を待ってくれている志望校の先生へのメッセージも込められる位、答案に愛情を注げるようになれば、理想的な答案になっていることでしょう。

③　問題と仲良く

問題に解くヒントを聞きながら、尋ねながら解き進めてみてください。

問題がいろいろなことを教えてくれます。いつの間にか、問題が身近な親切なお友達になっているのに気付けたら、きっと明るい未来が約束されています。

自分が入学を希望する学校の先生が、自分が入学するために問題を作ってくださっている訳です。

つまり、入試の問題は、志望校の先生方からのメッセージですから、問題を作ってくださった先生方の気持ちを考えながら解いてみてください。

問題には作った人の想いがこもっていますから、たくさんのメッセージを受け取ってください。

問題から、その問題を作ってくださった先生の顔が浮かんで見えてきたら、もうその学校の門をくぐる日は近いのではないかと思います。

④（算数については）最初の計算問題は学校からの招待状

招待状を受け取り損ねたら、中へ入れていただくのは大変困難になってきます。

招待状は丁寧に取り扱いましょう。

入試問題は、すべてが自分の合格したい学校からのメッセージですが、最初の計算問題は特に大切に取り組んでください。

自分の入学したい学校の先生方から直接いただいた招待状だと思って、はずすことなく次のメッセージへと解き進んで欲しいものです。

この最初の計算問題で、リズムをつかむと、次のメッセージが浮き上がって見えてきたりします。

まるで、問題と会話しているような気持ちになってくれれば、学校からの招待状は本当の意味での入学許可証に変わるのです。

⑤ 制限時間を恐れずに

試験の制限時間は気にしないで、自分の作品作りに徹してください。

時間が足りないことで、あせってしまって本来の自分のよいところが答案用紙に表現できなくなることほど、もったいないことはありません。

すべての問題を解き切らなくても合格できるので、丁寧に問題と向き合ってください。

自分の力がそのまま表現できるようにということを目指して、答案作りをしましょう。

答案には、しっかり自分を表現したいものです。制限時間のためにあわてて、途中から滅茶苦茶な作品にしてしまったのでは元も子もありません。

時間切れギリギリまで、自分にとっては最高の作品作りを丁寧に続けてください。

たとえば、今まで学習をしてきた中で、過去の入試問題を演習していた時には、いつも時間が足りていたというのなら、なおさらです。時間が足りないということが今までなかったのでしたら、たとえ、本番で時間が足りなくなろうとも、時間を気にしなくて構いません。

自分の受けた入試年度では、たまたま問題量が多かったのかもしれませんし、解くのに時間のかかる問題が混ざっていたのかもしれません。

いずれにしても、すべての受験生にとって同じ条件なので、あせることはありません。

自分にとって時間が足りないということは、すべての受験生にとって時間が不十分だということなので、最後まで落ち着いて、自分のペースを乱すことなく終了時間ギリギリまで解き続けてください。

実は、「時間が足りなかった」と言われた生徒さんのほとんどが合格されています。

最後の問題がまったくの手付かずの白紙でも、合格できるのだと信じて取り組んでください。

⑥　脳みそを使う

「脳みそを使って気持ちいい」ということを実感しつつ、自分の思考の筋道を大切にしながら、問題に向き合いましょう。

つまり、「覚えて解くのではありません。考えて解くのです」。

自分で考えて解いた問題は、自分の気持ちがこもるので、合っていて欲しいと強く思えるようになります。ケアレスミスによって、つまらない間違いをすることに耐えられなくなります。つまり、ミスも減ってきます。

自由に発想し、考えることによって脳みそを使うことの気持ちよさや想像することの楽しさをたくさん体験していただきたいものです。

覚えて解くのではなく、考えて解いて欲しいと切に願っております。

⑦ 周りは気にしない

試験場では、自分の机の上から視線をそらさないようにしてください。

隣がどんな子かは気にしないで、自分に与えられた問題だけに集中してください。

特に、隣の子がどうしたこうしたは、まったく気にしないようにしましょう。

試験中に声を出す子がいても、セミの鳴き声や雨の音位に思って、一切気にしないことです。

筆箱を落とす子がいても、消しゴムを投げてくる子がいてもまったく風景の一部だと思っていただきたいものです。

周りにいる受験生との競争ではありません。

もし、何かと闘う気分が欲しければ、合格最低点との争いをしているのだと思ってください。

すべての周りの環境から切り離された、自分と問題だけの世界に入って行って欲しいと思っています。

自分のベストを尽くしましょう。

⑧ 最後の一秒まで

試験中に、もうダメかも…なんて思い始めたら、自分一人でここまでこられた訳ではないことを思い返してみましょう。

入試当日までにたくさんの人から応援されたり、協力されたりしたことを思い出して、自分一人の受験ではなかったと……。

つまり、たくさんの人々の自分への期待や希望を背負っているのだと思って、もう一度見直しをしましょう。

自分だけのためなら、これでいいかと、満足したり、もういいかなとあきらめたりしてしまうところを、支えてくれた人々のためにも、もう一度問題を読み返してみましょう。

余った時間は何度でも見直しや解き直しに使ってください。最後の一秒まで無駄にしないようにしてください。

⑨ 不合格を恐れない

失敗しても命まで取られる訳じゃないのだから、必要以上に恐れることはありません。

不合格は、自分の受験した学校に通学することができないということです。それ以上でも、それ以下でもありません。必要以上に怖がることはありません。受験は人生のチャンスの一つです。

あくまでも、選択肢を増やすために受験をするのです。

口ぐせ（生き方編）

①「怒る」と「困る」は同じ

「怒る」と「困る」は同義語です。

これは、「お母さんに怒られる……」と言い出す生徒さんには必ず申し上げます。

お母さんに怒られるのは、お母さんが怒る前に困っていらっしゃるからです。受験生が、お母様を困らせているかどうかは定かではありませんし、困る必要のないことで、お母様が勝手に困っていらっしゃることもあるかもしれません。けれど、やはり言えるのは、怒っていらっしゃる時には、何かの理由で困っていらっしゃるのです。ついでに言うなら、私が怒る時は、必ず困っている時です。

本当に生徒さんに怒る時は、

「今、スゴク困っています。大変怒っています」

と前置きしてから怒ることがあります。

本当に魂を込めて接していると、心底困ったり、怒ったり、喜んだり、嬉しかったりするものだと思っています。

②　明るい未来のために……。

小学校六年生位だと、受験勉強をする意味がよくわからなかったり、受験はしたいけれど勉強はしたくないという生徒さんもいらっしゃいます。

あるいは、落ちても行くところ（公立中学）があるから、何とかなるんじゃん……と言い出す生徒さんまでいらっしゃいます。

特に一月校（都内の中学入試は二月一日から始まりますが、それに先駆けて、埼玉県は一月十日から入試が始まり、千葉県は一月二十日から入試が始まります。多くの都内の受験生は、模試代わりに埼玉県や千葉県の学校を受験します。この場合は、この模試代わりに受ける埼玉や千葉の学校を指します）には、合格しても通学しないと決めている受験生もいます。

そういう生徒さんの中には、「どうせ合格しても行かないし……」と、半ば投げやりに構えてしまう人もごくまれにはいらっしゃいます。

その場合は、

「たとえ合格しても通学しないことが決まっている学校の入試であったとしても、不合格になった瞬間は、君を含めて、君の味方になってきたすべての人にとって不幸です」

と申し上げたりします。

ただ、その場合も正直に、

「受験生にとっては、『不合格』は『合格』より確実に不幸です」

とは言いますが、さらに付け加えて、

「どこに通うのが幸せかは、それは誰にもわかりません。ただ、どこに通うかで、人生が大きく変わるのは事実です。クラスメイトも先生も毎日通学に使う交通機関もすべてが変わるのですから……」

未来はわからないからこそ、

「自分の描いた明るい未来のために今自分にできることを精いっぱいやりましょう」

と言っています。

明るい未来のためにする努力や学習であれば、少しは明るいイメージが持てるのではないかしらと期待して。

そして、誰より私自身が生徒さんと一緒になって明るい未来を描きたかったりするのです。

③ 質問に答える

生徒さん方の素朴な疑問。

「どうして勉強しなきゃいけないの？」

「何のために勉強するの？」

これは、大変難しい質問です。

「受験勉強は何のため？」

という質問なら、「志望校合格のため」だと即答できます。

「受験勉強は何の役に立つの？」

という質問にも、「入試問題を解くのに役に立つ！」と、いとも単純に答えてしまいます。

それに対して、

「勉強は何のためにするの？」

という質問は答えが難しくなってしまいます。

よく言われているセリフに、

「自分のためでしょ！」

という言葉があります。

正論で簡潔な解答ですが、小学生には受け入れられないことも多々あります。

「自分のためならや〜らない」

と言う小学生は普通に存在します。

では、何と答えましょう。

「昨日まで知らなかった事柄が、今日の学習によって知っていることになるってだけで何だかいいじゃない⁉」と、答えたことがあります。

「一つ一つの学習が、自分の『知っている世界』を広げて行くってことは、自由にできる自分の世界が広がって行くことだし、素敵なことじゃないかと思っているのです」と、その時自分の思ったままに述べることもあります。

「好きなように生きたいのなら、好きなようにできる世界が大きい方が小さいより楽しいのではないかしら？」と、問いかけることもあります。

もちろん、「何のため？」と言う生徒さん方の問いの答えになっていないのは承知の上で、自分の思っていることを、正直に答えるようにしています。

すべてのことに意味がある訳もなく、逆に人間なんて、日々意味のないことをたくさん繰り返していたりするものだと思っています。

生活している時間のうち、意味を説明できる時間なんて、どれほどあるかと思われるほどです。

けれど、まだまだ成長し、大きくならなければならない生徒さん方が、「要《い》らない」「面倒だ」「つまらない」と言って「知る」ということに後ろ向きになったり、知っている自分の世界を縮めてしまうような考えはやはり、一過性の現象であっても、できる限り短期間にとどめておいて欲しいのです。

だから、ついつい説教口調になってしまいます。

知っていることが増えて行くことを、自分の居場所が大きくなって行くように感じて気持ちのよいことだと体感していただきたいと思っています。

現実には、「知識が増える」イコール「幸せなこと」ではない場合もありますが、知識や思考が増えて行く時の脳みそが動く感覚は、すべての人にとって気持ちのよい状態なのではないかと思っています。

知識が増えて行くことに、やはり、「希望」と「夢」を託してみたいと思っています。

第3章

生徒とのあれこれ

忘れられない生徒さんとの会話は、あり過ぎて、とてもとても表わし切れるものではなく、ほんのほんの少しだけ……。

逆ギレ

ある日の生徒さんとの会話。

私「もう七、八回以上同じ説明をしたのを『私は』覚えているのだけれど……」

生徒「うん、何回かは忘れたけど、同じことを何回も聞いたのは覚えてる。どうしたら考えやすいかも聞いた覚えはあるんだけど、内容は覚えていないものは覚えていないんだから……わかんねえから聞いてるんだろうが!!」

私「失礼いたしました。確かにわからないから聞いてくれてるんだよね。大変失礼いたしました。そろそろ解き方を身に付け続けようって思いながら聞いてよね。頼むよ〜〜」

こんな会話は、実は日常茶飯事。

何て楽しい毎日。

想定外のリアクションや逆ギレに感動の毎日。本音と本音の格闘技級のぶつかり合い。

正に一瞬のスキも命取りの真剣勝負。

ワクワクする毎日。素敵な家庭教師ワールドの住人である幸運に感謝。

「考える」ってどういうこと

生徒「考えるって、どういうことかわからないんです」

まじめな生徒のまじめな訴えに、一瞬憂う。

（私の授業の一回目か二回目に、このようなことを訴える生徒さんが多数いらっしゃることも憂いの原因）

私「頭の中にイメージしてみて……」

生徒「……」

私「この文章題に合わせて、マンガとか絵を描いてみてくれる？」

生徒「絵を描いたことがないので、描き方がわかりません」

私「絵や図はこれから先、描けるようになっていると、イメージ創りに役に立つので、描けるように少しずつ練習していきましょう」

授業のたびに、イメージを組み立て、状況を想像し、内容を把握して行く。自分の考えたことを説明し、式の意味を確認して行く。

六年生になって、私と出会うまで考えることがどういうことかを知る機会がないまま過ぎてきてしまったような生徒さん方。

ある生徒さんは、

「先生の授業を受けて、生まれて初めて頭の内側に汗をかいたような気がした」

と、初回の授業後にお母様に話したと伺い、嬉しいやら、現在の受験教育を憂うやら……。

考えることをないがしろにして、一問一答形式の学習塾の指導法に、憤りすら感じる状況。

数の上では通塾派は圧倒的多数だし、その中で自分の脳みその力で点と点を結んで線や面にして行けるのは本当に百人に一人位ではないかと危ぶまれる。

ほとんどの生徒さん方は、考えることの楽しさも知らないまま、「覚えて解く」ことが算数だと思い込んでいたりする。散々「解き方を覚える」ように指導されてきた悲しい結果。

何とか自分が接した生徒さん方には、考える楽しさを知っていただきたいと、切に願う。

死ぬ気……？

私「もう入試まで二か月を切ってしまってるんだから、もうエンジン全開ですよ」
生徒「えっ？」
私「とぼけてる場合じゃないの！」
生徒「はい……」
私「何回も言ってるから、『そろそろ本気で……』なんて時期はとっくに過ぎてるのはわかってるんでしょう？」
生徒「そりゃぁ……まあ」
私「今『本気』にならないで、いつ『本気』になるのよ」
生徒「わかってるって！」
私「わかってるんなら、どうして宿題をやっていない訳？」

生徒「……」

私「さあ、授業に集中！」

少しは今のせっぱ詰まった現状を理解してくれたかと期待しつつ、宿題が滞っている分も授業で挽回しようと、こちらは、髪の毛が逆立つほどの気合を入れて授業に集中する。

その夜、本人に、

「いつも応援しているから、後は安心して君が学習を進めるだけだからね」

というメールを送る。

受験生が家でホッとしてしまわないように、宿題をきちっとやるようにと願いを込めて……。

そうしたらナント！

生徒からメールの返信がきた。

「先生が応援してくれているのだから、僕は死ぬ気で、いや死んだ気でやります！」

という文面に、単純な私は、こちらの気持ちがやっと通じたと、感激し熱くなる。

そして自然に高まるテンションの中、次の日の授業……。

はたしてその生徒は、宿題すらやってこなかった訳で……。

あの「死ぬ気でやります！」に感動した昨夜の私は……？

私は、「え〜そんな〜それはないんじゃない⁉」という、力の抜けて行く心の声を必死で押さえ込み、「大切な一日」と唱えながら、落ち込みを一瞬で封じ込める。

だって、落ち込んでいる場合じゃない、現実は深刻。少しの時間も無駄にはできない。状況が好転していない分、さし迫った感はさらに強まっているのだから……。

傷付きやすい純粋な家庭教師は、すべての脱力の元を断ち切り、一気にまたまた髪の毛を逆立てるような気合を入れて、奇跡を呼ぶ授業に専心。

たくさんの予想を上回る現実の数々に感動したり、人間不信に陥りそうになったりしながらも、やはり生徒を信じ、生徒の明るい未来を心に描いて、もう一度、情熱を注ぎ込む。

自分があきらめた瞬間に、生徒の夢が終わってしまうことがわかっているから……。

何度でも何度でも、深～い深呼吸をして、始めから信じ直すことを繰り返す。素敵過ぎる作業～…この胃袋の内側が血の涙を流すようなできごとの繰り返しの先に、いつも揺るぎない生徒との友情が根をはって行く。

そして約束されたような合格が訪れる。

卒業後何年経ってもその生徒は、かけがえのない友人。

君が代

生徒「先生、『君が代』の歌詞の意味教えてもらえませんか?」

私「六年生まで知らないできちゃったの? 歌えることは歌えるんでしょう? 確かに、『さざれ石』とか、難しい言葉が入っているからね」

生徒「???　先生、『君が代』って、『ヤシの木』の歌だよね」

私「ヤシの木とは違う歌だけど……」

(この時点で私は、この生徒は島崎藤村の『ヤシの実』の歌と混ざってしまったのかしら? と半分誤解していた)

生徒「ヤシの木じゃないの?」

私「ヤシの木は関係ないけど、君の言ってることがよくわからないから、歌えるのなら歌いながら、ちょっと歌詞を書いてみてくれる?」

(生徒は歌いながら書き出したのだが、はたして……)

生徒「〜き〜み〜が〜〜よ〜〜は〜〜知より〜〜ヤシの木〜支え石の〜イワオと泣いて〜コケのムウスウ〜回れ〜……だよね」
私「えっ？？？」
生徒「何か南の島の感じがするんだけど、『ムウスウ』がまったく意味がわからないんだよ」
私「私は、ムウスウ以外もまったくわからないわ」
生徒「南の島で大きなヤシの木と支え石の周りを『イワオー』って大きな声で泣きながら回っている感じ」
私「……」

正に感動的な意外性に、長生きしていてよかったと神様に感謝したい日となった。

その後、涙が出るほど笑い、厳粛に『君が代』の本当の意味を彼に知っていただき、彼にとってもその後の人生で、知らないまま過ごすよりはずっとよい訳で、いい日になったと思われる。

第4章

家庭教師の原点

水を得た魚

「家庭教師」というオカシナイキモノは、生まれながらに家庭教師であった訳ではもちろんなく、やはりどこかで「家庭教師」として生きて行くのに充分な栄養を得ていたのだと思われる。もちろん「人好き」だったり、「世話好き」だったりする素養はずいぶん以前……そう、子供の頃からあったような気がする。

ただ、人間が好きで関わりたいというだけではない。

一人の生徒さんに合わせたオンリーワンの学習を用意するだけで、生徒さんがイキイキとして、人間性が驚くほど変化して行く。

さらに　能力が目に見えて伸びて行く。

これらの様子を目の当たりにするという貴重な体験を重ねて、「個」を大切にするオンリーワン教育の究極の形である、一対一で接する個人指導の世界の魅力に取り憑《つ》かれて行くことになる。

その魅力的な学習プログラムに出会った原点がアメリカ。

アメリカ人になりたいと思うほど、アメリカ好きになったニューヨーク生活。しかし、自分が住むことになった当時は、治安もかなり悪いと聞いていたし、冬は寒いし、人間は冷たいし、よい話題をなかなか聞かない街だった（現在のマンハッタンは、夜中でも女性の一人歩きもできるし、以前とは比較にならないくらい安全安心な街になったと聞いている）。

実際に住んでみるまで、ニューヨークに対して、あまりいいイメージを持っていなかった。

ところが、住めば、当時の悪いとされていた治安も、危険なストリートは限られていて、そんなに悪いとも思えなかった。

確かに当時は、ボトラー（持っているワインボトルをすれ違いざまに落としてワイン代を脅し取る犯罪行為）の被害にあった友人もいたし、自身もスリには合った訳だが、犯罪がわかりやすく、お金で解決するものばかりで、あまり命の危険は感じなかった。

ただ、一回目のワールドトレードセンター爆破事件の頃だったし、湾岸戦争の頃だったので、戦争の当事国の緊張感も少し味わい、戦争を近くで意識する体験もいやおうなくさせられた。

街中にイエローリボンがかけられ、戦地に赴いている知人の無事を祈るという、正に戦時中であった。

また、そんなことから「今、自分にできること」を意識しながら生きる習慣が身に付いたような気がするのも確か。

個人の小さな善意をこよなく歓迎し、尊重する風潮。

軍国主義と個人主義と民主主義が共存しつつ、階層社会でありながらすべての階層の人たちがエンジョイし、夢を持っている社会。

富裕層になればなるほど、社会的にも道徳的にも要求されることが多くなり、「自分の努力で成功したのだ！」という傲慢なサクセスストーリーは実際には存在しない。

自分の努力を認めてくれた誰かの存在が必ずある。

引き上げてくれた人や、システム、自分への応援に気付き、感謝し、次に追ってくる者に紳士的であることが成功の条件になる国。

魅せられるものは山ほどあり、クラクラするほど刺激的でかつ優しい国。

受けた優しい言葉や行為は、三倍にして三人の人へお返ししたくなるような気持ちにさせる街。

もちろん、アメリカ自体、新大陸にやってきて、ネイティブアメリカンにひどいことをしてきた歴史を持ち、奴隷制度を持っていた歴史が公然とある。

一〇〇パーセントすべてが、よいとか

善だとか言っている訳ではない。

ただ、歴史から学び、歴史にしても自由に意見が交わされる風土が成り立ち、合理的に前進する国。

ニューヨークに住めば住むほど、どんどんイキイキしてくる自分。正に水を得た魚。

すべては伝え尽くせないけれど、少しだけ、家庭教師の原点であり、イキモノとして、はずせない体験をご紹介。

ニューヨークの日本人社会

三歳三か月と、生後九か月の二人の娘を連れてのニューヨーク行き。

海外旅行すら、それまでに一度しか経験がなかった状況下で、不安はないと言えばウソになる。

ただ、知らない世界に行けるワクワク感は大変大きく、非常に嬉しかった。

二人の娘たちは、長時間の飛行機の中での乾燥とストレスからか、いつの間にか体調を崩していたのかもしれない。

ニューヨークに着いて次の日、発熱。

何もわからない町、病院の看板すら出ていない町。

二年前からその町に住んでいる夫の同期の渡瀬さんに電話してみる。

もちろん、何かあった時には、渡瀬さんを頼るようにと、着後すぐ電話番号は渡されていたけれど、こんなにもすぐに、頼ることになろうとは……。

面識もないのに、何だか申し訳ない気持ち。

渡瀬さんは、その日はご都合が悪いけれど、お友達の日本人の根本さんに連絡を取ってくださり、根本さんが、見ず知らずの我々親子を、日本人に慣れていると評判の小児科医のところへ連れて行ってくださった。

診療の間中、外の車で待っていて、帰りも送ってくださった。

何もかもお世話にならなければ、ここでは生活できないのか……。

ちょっと絶望、そして人の温かさにとっても感動。

その後すぐ、根本さんに、日本からのお土産を持ってお礼に伺う。

「ありがとうございます。我々にとっては恩人です」

本当にありがたく、この感謝の気持ちを何とかお伝えしたい……。

根本さんは淡々と、けれど温かく、

「ちょうど家にいてよかったわ。お子さんはお元気になられましたか?」

私はドギマギ、私たち親子の気持ちが伝わったかなぁって思いつつ……。

「本当におかげさまで、とても元気になりました。まだ時差ボケが結構残っていますが、体調は回復しました。ありがとうございました。大変お世話になりました。何と言ってお礼を申し上げればよいか……」

根本さんは、やはり優しく、

「元気になられたのでしたら、何よりです。また何かありましたらいつでもお声をかけてください」

と言うような会話があり、その後も、一回、二回と、根本さんとのご縁を感じて、日本からのお土産が手に入った時など、お持ちしたりしました。

三回目位の時、根本さんが、

「このニューヨークの日本人社会というのは、みんな自分がニューヨークにやってきた時には、誰かしらのお世話になっているのよ。

そして、自分が一、二年経って生活に慣れて、余裕が出て恩返しができると思った頃には、自分がお世話になった方は、日本に帰国してしまっている。そういうところなの。

ということは、自分の恩返しはお世話になった方に直接お返しできないところということなの。

つまり、自分の受けた恩返しは、自分より新しくきた方々に形を変えてお返しして行く社会なの」

この言葉が、私のその後の考え方や生き方を大きく変えることになる衝撃の言葉。

「恩は、恩を受けた人には返せないところなのよ。その分後からきた人に……」

そうか……。

「恩返しは、自分の今、目の前にいる人に返して行けば、今自分がここにいる偶然や幸運に対する感謝の気持ちを返して行けるのかも……」

自分の中で、何か自分を運命付けるものに出会った興奮は、二十年以上も過ぎた今でも思い返せば熱くなる。

この時から、私の恩返しは意識され、形作られて行く。

そしてありがたいことに、ニューヨークの日本人社会の環境は、このような私の思いを成長させるには大変よい環境だった。

さらに、ニューヨークという街そのものが、人の思いや温かさをはぐくむ土壌として大変適していた。

いわゆるボランティア精神ってこんなことかも。

自分の意志でやりたいように、積極的に。

そして見返りは、やりたいことをやっているという満足感が、最大の見返りで、人からは何も求めない。

大変ラクに物事を始められる環境で、「ラッキー」。

この「ラッキー」に思える気持ちも、目の前にいる人にお返ししたい。そしてお返しする対象のある「幸せ」も目の前にいる人にやっぱり返して行きたい。

この思いが膨らみ、日々この思いの中で生活していると、妙に楽しく幸せを感じる。

自分の意志で生きている感じ……。

エンジョーイ

学校へ行く子供たちには、「行ってらっしゃーい」の代わりに「エンジョーイ」。「エンジョーイ」と笑顔で送り出された子供たちは、学校は楽しむところだと信じている。

そういう子供たちが成長して、大人になって、今度は自分たちの子供を当たり前に「エンジョーイ」で学校に送り出す。

「学習は、楽しくなければ身に付かない」なーんてことすら考えていない。

何をしても「どうせなら楽しい方がいいじゃん」、楽しむことがうまいと言うより、むしろ楽しむことしか考えていないような人々。

「そうか、あなたも私もみんな楽しければ、社会全体が楽しくなるってことか……」なーんて頭で考えてしまうから、心底楽しめるものも楽しめなくなる。もっと無条件に理屈抜きで「エンジョーイ」。

こんな楽しみ上手な人たちに囲まれていると、否応《いやおう》なく毎日が楽しくさせられちゃう感じ。

底抜けの「ハッピー」。

その源は、「エンジョーイ」。

LOVE

人に対しては、「ＬＩＫＥ（好き）」という言葉は使わないで「ＬＯＶＥ」（愛する）を使う。

ライク（好き）は、「似ている」という意味を持ち、ラブ（愛する）は「架け橋」を意味する。

つまり、人はみんな違うから、架け橋をかけて行かなければわかり合えない、という考え。

とにかく、「人と人はみんな違う」。

ここが人との関わり方の出発点。

違うから、わかり合うために、話し合ったり、質問したり、説明したりと努力をおしまない。

だって「違う人たち」が、今、この時、この場所で、偶然にも一緒にいるのだから……。

そして周りにいる人のことは、わかりたいし、周りにいる人にはわかってもらいたい。

だからわかり合うために、たくさんのエネルギーを注ぐ。でも、やっぱり楽しみながら……。

わかり合うことも楽しいことだから……。

アメリカの小学校では「世界は違う」と教える。

肌の色も、目の色も、髪の色も、考え方も、国もみんな違うから理解するために話し合うことの大切さを教える。

日本とは、まったく逆の発想に驚き、そして感心。

日本では、肌の色や髪の色や目の色や住んでいる国は違っても「人間はみんな同じ」と教える。

「違う」から始まる個性教育は、骨の心《しん》から個性が育つ訳だぁ……と妙に納得。

個性の先に「比べない」

人は一人一人、みんな違うと認識しているアメリカの人たち。

彼らは、人は一人一人別々の存在で、比べるものでも比べられるものでもないと、自然にわかっている。

一人一人特別な存在だという当たり前のことが、当たり前に学校の中で実践されている。

これは、われわれ日本人には当たり前ではなくて、ビックリ。

つまり、小学校二年の教室の中、席を並べた子供たちが違うことをやっているのが当たり前の世界。

もう三桁の割り算をやっているジョンの隣で、まだ一桁の足し算をやっているアレクサンドラがいる。

一人一人の学習の進み具合に合わせているから、やっていることが一人一人違う。

それが、自然な風景になっている教室の中。

アメリカの小学校の中には、退屈しながら他の生徒のでき上がるのを待つということがない。

つまり、まだでき上がっていなくても、他のクラスメイトを待たせている訳ではないので、焦らないし、恥ずかしい思いをすることもない。

一人一人の進み具合に一番合った課題が、一番適切なタイミングで与えられるから、みんなイキイキ。

すべての子供がみんな違うことを学んでいる平等がここにある。

同じことをさせるのではなく、違ったことをさせる教育の平等が、ここに確かにあるのだと感動。

その子の能力が最大限に伸びるように、その子の学習が楽しみのうちに進むようにと配慮される。

だから、伸びる。人と比べない、自分とは違う他人の尊重によって「愛（架け橋）」の意識が育つ。

素敵な世界がここにある。

同じクラスの中で、自分の子供より進んだことをやっている子供を見付けた時……。

この広い世界で、同じクラスに一緒にいると言うだけで、クラスメイトたち同士はスゴク特別な存在。

その特別な存在の中に、さらに自分の子より先に進んでいる仲間に出会えたら、それは素直にラッキー。

先に進んでいる子供と自分の子供を比べないで、自分の子供が、教室の中で学習をエンジョイしているかどうかをまず確かめてみる。

仮に、先に進んだことをやっていても、もしエンジョイしていないようなら、それはとっても気の毒なこと。

エンジョイしているかどうか、そのことを中心に穏やかに自分の子供にしかないよいところを見守ってみたら……。

自分の子供より、先に進んだことをやっている子供と出会った時、出会えた喜びを素直に伝えてみれば……。

きっと、みんなハッピー。

そして、素敵な世界が、そこにも一つ生まれる予感。

「比べない」生活は、自分のサイズ

子供のお誕生日は、どの家庭も家中でエンジョイ。

お屋敷に住んでいて、執事までいるマークは、お庭を一日遊園地にする。

規模が半端じゃない！

つまり、遊園地のアトラクションのいくつかを庭に設置し、ピエロを呼んで手品をやってもらったり……。

屋台も呼んで、わたあめや風船を作ってもらったり、フェイスペインティング（顔にいろいろな絵を描いて楽しむ。サッカーのサポーターが国旗を顔に描くように）をしてもらったり……。

とにかく大がかりで、途方もなく特別な一日になり、親も子供も大はしゃぎ。

呼ばれたクラスメイトたちは、それぞれの生活レベルに合わせてプレゼントを持って行く。

たとえば、ディックは一〇〇ドル（約一万円）以上もするおもちゃをプレゼントするために持ってくる。

ケリーは、三ドル（約三〇〇円）位のお人形を持ってくる。

ユカリや、シュンは平均的に一〇ドル（約一〇〇〇円）位のゲームやおもちゃを持ってくる。

誰も無理せず、みんなエンジョイ。

自分のお誕生日にクラスメイトを呼ぶ時、やはりケリーは、狭いアパートに、マークもユカリもシュンもその他のクラスメイトも呼んで、家の中でゲームをする。

マークや他のお金持ちの子は、やはりプレゼントに一〇〇ドル以上もするおもちゃをプレゼントに持ってくるし、三ドル位のおもちゃを持ってくる子もいる。どれ位のプレゼントをもらったかは関係なくて、プレゼントしたいものをプレゼントする。

基本は自分がもらって嬉しい物。

おもてなしは、カップケーキ一個でみんなエンジョイ。

ユカリは、近くのクラフト工房でアートペイントパーティ（焼き物に絵付けをするもの）をする。

シュンは、近くのジムでジムパーティー（インストラクターが体を動かす遊びをサポートしてくれる）をする。

日本人のパーティは、家に呼ばないことが多い。（家でやると、親の方が、なかなかもてなしに頭を悩ませ、慣れないホスト役にエンジョイできなくなるからか……）

慣れない日本人もここでは何とか、お誕生日というイベントを楽しもうとする。

何回かバースデーイベントをやって、楽しみ方を知ってしまえば、ちょっと大変、それでもエンジョイ。

損とか得とか、決して考えない大らかさ。

無理をしない付き合いがエンジョイの基本。

自分のサイズ自分のやり方、自分がエンジョイできるように……。
すべての人がそうだから、楽しいことしかない。
みんなにハッピーなお誕生日のでき上がり。

エンジョイの先の「英才教育」

楽しいことをずーっとやり続けられれば、気が付いたら世紀の大発明や、新記録が生まれるかもしれない。

そんな気にさせるのが夏休み。

たっぷり二、三か月もある夏休み、毎日好きなことをやり続けることができるシステム、それが「サマーキャンプ」。

実際にやっていることは、ありとあらゆる種類の塾か、レジャーか……という感じ。

つまり、子供の興味に合わせて、ありとあらゆるキャンプがある。野球のキャンプは、プロ野球の選手のやっているキャンプを想像していただけるといいかもしれない。

他にも、体を動かすことが好きな子には、

ジムナスティックキャンプ（本格的な体操競技用の運動器具に触れながら、毎日体操をやる）、
テニスキャンプ（毎日テニスをやる）、
ゴルフキャンプ（毎日ゴルフをやる）、
水泳キャンプ（毎日泳ぐ）、
その他、バスケットボール、サッカー……。
アーチェリーや乗馬、セイリングなど、日本ではなかなか気軽にやる場所が見付かりにくい競技もある。
体を動かさないものも、もちろんある。
ミュージックキャンプ（毎日自分の好きな楽器の練習をする）、
アートキャンプ（絵を描いたり、造形したり……）、
クラフトキャンプ（いろいろな種類の手芸をする）、
などなど、ありとあらゆるキャンプがある。
また、事前にこれをやり続けると決めない、ほとんどのことを、その日の気分

で選べるキャンプもある。

いずれにしても主体は子供の興味。

やりたいことをやりたいだけやる。

やりたいことをやり続けていると、もっと楽しくなってきて、さらにやりたくなる。

正に良循環。

「楽しいからやる」正にそれだけ。

練習がつらいとか、苦しいとかという発想がない。

「楽しい」の魔力は、努力や根性を必要としないで上手くしたり、上達したりさせる。

一日中同じことをやり続けるなんて、究極の「英才教育」のように見えることが、子供たちのエンジョイを大事にしているだけだったりするからスゴイ。

「学習システム」のスゴイ

小さい時に大事にすることは、想像力。

小学校一年生で何を学ぶか?

アメリカでは、まず「宇宙」から。

私たちの身の周りからではなく、いきなり「宇宙」……。

小学校一年生で、太陽系のことを学習している様子は本当に想像力が育ちそう。

そして、「恐竜」を学ぶ。

自分たちの日常から遠く離れたところから学び始めることで、自然に想像力が育つしくみ。

さらに、教師すら行ったことも、実際に見たこともない世界。

教師すら体験したことのない世界から学び始めることで、教師が何でも知っていて教師の言うことを一方的に聞いて覚えていればよいという気持ちが、生まれにくくなる。

学習は、学び合い、想像し合い、高め合うもの。そして、楽しいものという意識が自然に育《はぐく》まれる。

いつの間にか、「宇宙博士」も、「恐竜博士」も、生まれていたりするからグレイト。

もう一つの「グレイト」

アメリカ大統領は、スーパーマン。

大統領選が近付いてくると、小学校では、実際に立候補している立候補者に投票をして、「自分たちのクラスでは、ミスター○○が大統領に選ばれた」って言い出す。

大統領選が、何て身近なのかとびっくり！

「うちのクラスではミスター○○が選ばれたけれど、学校全体では、ミスター△△だった」って……。

みんな、口々に自分の支持する立候補者を応援していたりする。

「早く決まらないかなぁ……」

小学生たちはみんな、すごく真剣に自分たちの代表を選ぶ。

小学校一年生も政治に興味津々で、今、正に自分たちのヒーローを自分たちで応援して、自分たちで選んでいるという感覚が育っている。

それに、何より自分の支持する大統領候補者を、きちんとみんなの前で言える小学生たち。

政治は公《おおやけ》のもの、みんなの作り出すもの、という当たり前の感覚が生きている世界。

政治家は、みんなに選ばれたヒーローだから、当然「いい人」だし、「みんなのために尽くす人」だし……。

何だか政治に期待が持ててくる。

政治家が悪いことをするなんて、考えられない土壌を小さい時に作ってしまうアメリカは、「スゴイ」。

それに、やっぱり大統領選まで、老若男女すべてがエンジョイしてしまう。

エンジョイしながら、政治感覚と、明るい未来社会を同時に創ってしまえるなんて、「グレイト！」。

「ギフテッド・チャイルド・プログラム」

神様からプレゼントされた、子供の才能を伸ばすプログラムがある。

これは、公立の学校のシステムとして、地域ぐるみ国ぐるみで子供の特別な才能を見出し、育てようという計画。

特別に才能を与えられているかもしれない子供たちは、三年生以上の各学年から二、三人（たぶんクラスからは〇《ゼロ》〜二人位）、一つの学校から合計十人位選ばれて、地域のハイスクール（高校）に集められる。

それぞれの生徒には、「ギフテッド・チャイルド・プログラム」からの招待状が届き、親がOKすれば、このプログラムに参加できる。

いろいろな小中学校から、週に一回、そのプログラムの招待者だけが、黄色いスクールバスに乗せられて、ハイスクールにやってくる。

そこでも、それぞれの能力に合わせた特別なカリキュラムが展開される。

地域ぐるみ、国ぐるみで、才能を共有し、育てようというシステムは、未来の大発見や、大発明を予感させて、ワクワク。

そして、短い期間しか滞在しない日本人を始め、外国の生徒たちにも平等に開かれたシステム。

懐の深さに「グレイト」。

それでもやっぱり、本人たちは、「エンジョーイ」。

同じように飛び級もよく行なわれている。

飛び級の条件は、ある特殊な才能があるという訳ではない。

総合的に（身体の発育や精神的な発達も含めて）一年上でもやって行けると判断されれば、クラスの担任が自分の権限で決めることができる（もちろん保護者の同意は必要）。

最終的には校長先生の名前で、決定書のようなものが届くが、ほぼ担任の勧めで決まってしまう簡単な手続きで飛び級。

本人たちは、授業に物足りなさを感じることなく、授業中に退屈することもなく、自分に一番合ったところで学校生活をエンジョイできるから、やっぱりハッピー。

リトルジェントルマン

男の子には、たとえ幼稚園生であっても、「女性には優しく」というしつけをする。

引っ込み思案になりがちな女の子には、「小さい時から自分の意見をはっきり言葉で説明できるように」というしつけをする。

間違っても、幼稚園では、女性の先生に抱き付いていくような無礼で甘えん坊のリトルジェントルマンはいない。

幼稚園の先生は、ほとんどが女性なので、男の子に手を焼くどころか優しくされてハッピー。

平和で規律正しい幼稚園にブラボー。

「国際化」って、（英語などの）言葉の問題じゃなくて、小さい時のしつけじゃないかと思ったりする。

「やんちゃ」に対して寛容に育てられた日本人の男の子が、しばしば幼稚園で先生を困らせている姿を目にして、ちょっとしょんぼり。

神様からの預かりもの

いろいろな宗教の人が住む国アメリカ。

けれど、取りあえずみんなそれぞれに神様を持っている。

まったく宗教を持たない人は大変珍しい。

そして子供は、「授かりもの」ではなく「預かりもの」と考えている。

せっかく神様からある時期預かっているのだから、お返しする（一人立ちする）まで、できるだけ子供と一緒にいる期間を楽しもうとする。

自分の持ちものじゃないから、穏やかだし、神様にお返しするから、大切にする。

他人と比べない習慣も、こんなところに、始まりがあるのかもしれない。

とにかく、神様から預けられてハッピー。そして、めいっぱいエンジョーイ。

中心と目的

子育てや教育の中心は子供。

目的はみんなが幸せな社会。

一人一人が安心して楽しい毎日を実感できる社会は、幸せな社会だから……。

自分だけに都合のよいところをマネしたり、自分の都合に合わせて取り入れて、合理的だとか効率的だと言っている間は、まだまだ本当のハッピーには至らない。

たとえば、新聞配達の方法。

アメリカの現地新聞は、分厚い新聞（広告が多くて、厚くなり、重くなる）を一部ずつビニール袋に入れて、ゴムバンドで留めて、道路から家の芝生に投げ込む。

ビニール袋を毎日毎日使い捨てて行くことがエコに反するような気もするが、

雨の日はさらにビニール袋を二重にする。

車の中から、一軒一軒の前で庭の中へ一部ずつ投げ入れて行く。

同じアメリカで日本の新聞は、広告が少ないせいで薄く軽い。一部ずつゴムバンドで留めるだけで、ビニール袋に入れず、やはり車の中から芝生に投げ入れていく訳だ。

この車から投げ入れる方式だけを、合理的という形だけで、自分たちの都合で取り入れる。

そのため、ビニール袋に入れられていない新聞は、投げて地面に当たった瞬間、角がすりきれ、新聞を読もうと広げると、ところどころ穴があいている。急な夕立でもあると、ボトボトでせっかくの新聞が読めなくなる。

もちろん雨の日には、ビニール袋に一重に入れてある訳で問題はないのだが、やはり、消費者の視点に立った合理性ではない。

日本の合理性や効率は、作る側、提供する側の立場優先だと実感する。

さらに子供を取り巻く環境も、「子供を守る」ということを、大人の立場ではなく子供の立場で考えられているところが、やはりアメリカの社会は違う。

たとえばアメリカでは、九歳以下の子供を家に一人で置いておくことが禁止されている。

「一人でお留守番！」はさせてはいけないことなのである。

働く親たちの反対はなかったのか、親たちからの不自由さからの不満はないのかを気にしてしまう。

けれども、「子供を守る」ということを中心にして考えると、納得せざるを得なくなる。

親の都合に合わせて扱われがちな弱い立場の子供を、徹底的に法律で守らねばならないというスタンスなのだから……。

そうなると、足りなくなるのがベビーシッターということになる。

中学生位から、五、六時間のベビーシッターになるための講習を受けて、ベビーシッターができる知識を得て、学生がバイトをする。

中高生が、安い賃金で子供を見てくれることで、親の負担も減る。

さらに、兄弟のいない中高生たちでも、小さな子供との触れ合い方や、世話の仕方を体得して行く機会が増える。

このことは、社会全体としても、子供や子育てに対する、漠然とした負担感が減るように思われる。

こんなことだけで、少子化に一石を投じられるとは思ってはいないが、社会全体で自然に子供を見守ることが組み入れられているような空気が、アメリカのニューヨーク郊外の平和な町には確かにある。

人と人が善意で手を取り合えることを体験させてくれた町に、今さらながら感謝と感動を覚える。

「子供を守る」という大きな目的のために、少し位の不自由や、経済的負担は我慢するという考え方。

この考え方は、つまりは、みんながハッピーを感じられるために必要なピリッとしたスパイスになっているのかもしれない。

甘いだけでは、長続きはしないものだとつくづく感じる。

おわりに

人生の偶然が二つ以上重なると、不思議なもので、それは「必然」かと思ってしまう。

今回偶然が四つ以上重なったので、錯角かもしれないけれど、勝手に「必然だ」「運命だ」と思い込んでしまった。

そしてこのザマ。

出版するという大それたことを仕出かしてしまった。

まったく単純で思い込みの激しいイキモノだと思う。

まったく楽しい毎日である。

おわりのおわりに

出版に際して同僚講師の柴田佳子女史との出会いは、前述の偶然の一端を担っていただいた形となり、柴田女史の存在なくしては今回の出版はなかったかと思っております。

大変お世話になりました。

また、ご多忙中いつも応援くださいました文教大学教育学部教授成田奈緒子博士、名古屋工業大学大学院准教授石川有香博士、同僚講師の石塚寿美子女史に厚く御礼申し上げます。

また友人として、貴重なアドバイスをくださいました経営コンサルタントの沢田一茂氏にも感謝致しております。

また、お忙しい中親身になって本のカバー構成やカバーイラスト作成をしてくださいました森野真由美さんに、心より感謝致します。

さらに、元生徒さんでイラストに協力してくださった高橋由依さん、読者として励ましてくださった梁瑛蘭さんには、卒業後もお付き合いくださって私は幸せ者だと改めてお伝えしたい次第です。

そして、もう何年も何年も前、私自身が「物を書く」という行為に興味すらなかった頃に、「先生、本書いてよ！　本書くべきだよ！」と言ってくれた石川貴志くんの言葉が実現して不思議な気分です。

今思うと、生徒さん自身意識していないような言葉の一つ一つに支えられて、自分の今日があるのを実感しています。

本当にすべての方々への感謝の気持ちで満たされて、大変幸せです。

また、最後になりましたが、たくさんの励ましをくださいました文芸社の今井真理女史、大内友樹氏、そして、各担当の方々に感謝の気持ちをお伝えしたいと思います。

ありがとうございました。

二〇一〇年九月

中井　敦子

著者プロフィール
中井 敦子（なかい あつこ）
神戸女学院中学部、高等学部を経て神戸女学院大学文学部卒業
都民カレッジ大学院講座にて子供と母親の意識調査研究
家庭教師は在学中より始める
名門会家庭教師センターにて専任講師となる
３年連続女子が慶應中等部に合格、その他御三家と呼ばれる名門中学に合格など数々の実績。
現在も超人気講師として多数の生徒を指導中

イキベタ家庭教師

2010年11月15日　初版第１刷発行

著　者　中井 敦子
発行者　瓜谷 綱延
発行所　株式会社文芸社
〒160-0022　東京都新宿区新宿１－10－１
電話　03-5369-3060（編集）
03-5369-2299（販売）

印刷所　株式会社フクイン

ISBN978-4-286-09466-3